文化財返還問題を考える

負の遺産を清算するために

五十嵐 彰

岩波ブックレット No. 1011

はじめに

ソウルの国立中央博物館での経験

二〇一〇年の初春に家族でソウルを訪れたときのことです。数日前に起きた韓国の哨戒艇沈没事件で騒然としていた頃でした。ソウル駅から地下鉄に乗って四つ目の駅で降りると、すぐに巨大な国立中央博物館が見えてきます。無料の音声ガイド機器を借りて、歴史館（現在は先史・古代館）にある「渤海室」に入ると、部屋の中央に周囲からスポットライトを浴びて巨大な石造物が展示されていました。そのキャプションには「石製龍頭　渤海　8-9C　上京城　複製（レプリカ）日本東京大所蔵」と書かれています。小学生のグループが、教師に引率されて見学していました。彼／彼女たちは、この展示品とキャプションを見て、どのような感想を抱くでしょうか。そのことを考えて、気が重くなりました。

この「石製龍頭」（東京大学総合研究博物館では「石製獅子頭」）は、一九三三、一九三四年の二カ年にわたって東亜考古学会が古代の渤海《ぼっかい》国の都城址である「上京龍泉府《じょうけいりゅうせんふ》」別名「東京城《とうけいじょう》」を調査した際に出土したものです。東亜考古学会は、一九二七年に東京帝国大学と京都帝国大学の考古学者を主体として結成された調査組織です。「東京城」が所在した牡丹江の流域は、当時日本の傀儡《かいらい》国家「満洲国」の一部とされていましたが、治安状況が良くなく、調査隊が荷馬車で調査地に入る際には日本陸軍の兵士や領事館警察署の警官・現地の保安官など数十名の護衛が必要でした。東亜考古学会の会則には、「調査資料は調査地の国に置くものとする」と記されていたにもかかわらず出土資料は東京帝国大学に運ばれて、そのまま現在に至っています（図1）。

日本に帰国した後、こうした事をブログに書いたところ、「中国東北部から出土した資料をなぜソウルに返すのか？〔五十嵐は〕韓国ナショナリズムの手先である」といった趣旨のコメントが寄せられました。確かに、この「石製龍頭」の出土地は、現在の中華人民共和国の黒竜江省です。本来ならば黒竜江省に返されるべきでしょう。しかし七世紀から一〇世紀にかけて存在した「渤海」という古代国家は、中国東北部から朝鮮半島北部さらにはロシア沿海州にまで広がる領域を有していました。現在の国家範囲とは一致しない時空間を占めていた存在に

図1　東京大学所蔵の石製龍頭（http://umdb.um.u-tokyo.ac.jp/DKankoub/Publish_db/1997DM/DM_CD/JOSETSU/KOKO/HOME.HTM#1）

対して、朝鮮半島に暮らす人びとは自らの歴史の一部であると認識しているのです。何よりも日本列島が渤海国の領土となったことはなく、渤海国の出土資料が東京に存在する意義は、かつて渤海という国が関わった空間に暮らす人びとの主張に比べて著しく低いということは言えるでしょう。

さらにそうした出土遺物が今ある地にもたらされた経緯について、問題があるのならばなおさらです。文化財を返還するに際して「どこの誰に返すのか?」は、問題とされる文化財を巡る歴史的状況が複雑であればあるほど重要となります。

文化財返還問題とは

「文化財返還問題」とは、主に植民地期・戦時期に本国の組織・人びとが当時の圧倒的な力の差を背景に植民地あるいは占領地の人びとの同意を得ることなく不当に本国に持ち去った文化財を、「あるべき〈もの〉をあるべき〈場〉へ」という原則に基づいて、本来のあるべき状態に回復する運動です。日本では、一九世紀後半の近代以降に植民地主義的な考え方を背景として朝鮮半島や中国大陸から持ち去った搬出文化財が主な対象となります。「文禄《ぶんろく》・慶長《けいちょう》の役」と呼ばれている一六世紀末の「朝鮮出兵」、あるいは一三世紀から一六世紀にかけての「倭寇《わこう》」による近代以前の文化財略奪については、本書では考察の対象外とします。

また、「文化財返還問題」に関係して「遺骨返還問題」があります。その多くは、植民地本国の人びとや国内での多数派民族の人びとが自らの優位性を確認する「人種主義」という考え方を背景にして、先住民族の墓地から遺骨などを持ち去った問題です。遺骨と共に墓地に納められていた副葬品(埋蔵文化財)も持ち去られました。遺骨と副葬品は本来一体のものですが、遺骨は医学部の人類学者が持ち帰り、副葬品は文学部の考古学者が持ち帰る事例が多く見られました。遺骨は尊厳をもって扱われるべき対象であり、副葬品などの文化財とはまた位置づけが異なります。

このように、「文化財返還問題」の「文化財」には、主に植民地期や戦時期に朝鮮半島や中国大陸から日本に不法・不当にもたらされた「略奪文化財」と、アイヌ・琉球(沖縄)の人びとの墓地から遺骨と共にもたらされた「副葬品」が含まれています。

日本が直面する「文化財返還問題」の対象地域は、日本が近代になって領有した東アジア全域に広がる(内国)植民地や占領地、すなわち北海道・沖縄・台湾・朝鮮・樺太・千島・南洋諸島・中国大陸などです。ここで重要なのは、「植民地主義《コロニアリズム》の清算」という認識です。「植民地主義」は、差別と排除、抑圧と暴力、支配と従属という関係性によって成り立っていました。「清算」とは、外面的な植民地状態が解消されるだけではなく、私たち一人一人の心の中に巣食う植民地主義的な考え方や人種主義的な価値観が克服されることを意味します。

圧倒的な力の差を背景とした状況下、植民地から他民族の文化財を持ち去ったことを私たちはどのように考えれば良いでしょうか？　不当に持ち出された文化財が現在も日本の各地で所蔵され続けている現状をどうすれば良いでしょうか？　まずはこうした問いについて、返還を求める側と返還を求められる側の双方が共に考えることが重要です。ひとたび引き起こされた歴史の過ちは、どのようにしても取り返しがつかないし、なかったことにもできません。しかし、過去の過ちがもたらした不正な状態が現在まで継続しているのならば、その状態を少しでも是正することが、過去を受け継いでいる私たちの責務ではないでしょうか。

何を、どこに返還するのか

もちろん日本に所在する全ての植民地由来の文化財が、返還すべき対象であるはずもありません。正当な商取引による購入や寄贈あるいは採集によってもたらされた文化財も多いことでしょう。

しかし、こうした返す必然性のない「白い」文化財と共に、明白に不法・不当な要因によってもたらされた「黒い」文化財があります。そして不法・不当であるか、合法・正当であるか判断が困難な「灰色」の文化財も多いことでしょう。

文化財返還が話題になる時に、「返すのはいいが、どこまで返せばいいのか」「由来が確かめられない場合はどうするのか」と言う人がいます。いわゆる「線引き問題」です。しかし「黒（不当）」と「白（正当）」が明確に区別できない「灰色」の文化財が存在するからといって、明らかに不法・不当な手段によって入手された「黒色」の文化財を返還しなくてよいということにはなりません。まず日本に所在する海外由来の文化財について、どのようにして今ある場所にもたらされたのかという由来調査をしっかりと行うことが大切です。そのことによって、返すべき文化財と返さなくてよい文化財が明らかになるでしょう。

また「一つ返せば次から次へと要求されてきりがない。最終的に全て返さなければならなくなるのではないか」といった心配をする人もいます。もしある博物館の所蔵品の全てが「返還すべき〈もの〉」に該当するのであれば返還せざるを得ないでしょう。返すべきものを返さずに、いつまでも後ろめたさを引きずっているよりも、ずっといいはずです。

ソウルの国立中央博物館の本館（平常展示館）一階は、「歴史の道」と名付けられた三階部分に至る吹き抜けとなっています。その一番奥に「敬天寺《キョンチョンサ》十層石塔」と呼ばれる高さ一三・五メートルに及ぶ壮大な大理石製の石造物がそびえています。高麗時代の一四世紀に朝鮮半島北部の京畿道開豊郡《ケプングン》に建立されたものですが、一九〇七年に韓国皇太子李垠《イウン》の立太子礼の際に特使として派遣された田中光顕《みつあき》宮内大臣によって何の手続きもなされないまま不法に日本へ搬出されました。しかし、このことが『ワシントン・ポスト』など海外紙に大きく報道されて国際的な問題となり、東京帝室博物館に梱包されたまま放置されていた石塔は、一九一八年に返還されて、大韓民国成立後の一九六二年に「国宝第八六号」に指定されて現在に至っています。

文化財返還問題の解決が困難であると思われている理由は、「あるべき〈もの〉をあるべき〈場〉へ」という原則の「あるべき〈もの〉」とは何なのか、「あるべき〈場〉」とはどこなのかという二点に集約されます。こうした困難な問題を解決するために、単に日本と朝鮮半島あるいは中国大陸との関係にとどまらず、本土と北海道・沖縄を含んだ東アジア全域、さらには世界中のかつての植民地本国と被植民地諸国との関係性、そしてそれらに共通する現代の課題として返還問題を考えていきましょう。

本書の第Ⅰ章では、日本の文化財返還問題を巡る経緯と現状を確認します。続く第Ⅱ章では、世界的な動向と先住民族の遺骨など関連する問題の広がりについて考えます。そして第Ⅲ章では、私たちの〈もの〉に対する欲望といった心の在り方について考えながら文化財返還問題の今日的な意味について考えます。

なお「返還」という言葉は、「返還」する側にとって適切であっても、「返還」を求める側、「返還」を受ける側にとっては適切とは言えません。むしろ「帰還」とでも言うべきでしょう。韓国・朝鮮では「取り戻す」という意味の「還収」あるいは「奉還」という言葉が用いられています。返す側の「返還」と取り戻す側の「帰還」を総称する言葉としては、原状の「回復」が適切と考えます。

日本政府は、請求権に関わる法的な義務を回避するために「引き渡し」という用語を用いています。しかし日本が過去に行った植民地支配に対して本当に「痛切な反省」と「心からのお詫びの気持ち」を有しているのなら、それに相応しい言葉である「返還」を用いるべきです。本書ではこうした用語に含まれる様々な問題を踏まえたうえで、慣例に従い「返還」を用いることにします。

Ⅰ　戦後処理としてはじまった日本の文化財返還

ＧＨＱの指令

一九四五年九月に示された連合国軍最高司令官総司令部（ＧＨＱ）の「降伏後ニ於ケル米国ノ初期ノ対日方針」の「第四部　経済　第四項　賠償及返還」の項目では、「一切ノ識別シ得ル掠奪財産ハ之ヲ完全且速ニ返還スルヲ要ス」とされていました。こうした方針に従って一九四六年四月に「略奪された財産の没収および報告」（SCAPIN-885）という指令が出されました。

その内容は、「一九三七年七月七日からのちに、つまり日華事変のはじまったときからのちに、日本軍によって占領された地域において、掠奪された財産であって、現在日本の国内にあるすべてのものについて、日本政府は明細な目録を提出し、ただちにその財産を没収しなくてはならぬ。右の掠奪は、強制、没収、剝奪、掠奪などの不法行為によって取得されたもので、日本の法規にしたがって行われたと、法律の形式をふんだような手続によって行われたと、その他の方法によって行われたとを問わない。つまり、日本の法規のうえで合法的であるといなとを問わないのである」というものでした（横田喜三郎「法令解説　掠奪された財産の没収と報告に関する覚書」『日本管理法令研究』第一巻　第一〇号、一九四七年）。

この指令によって、入手した当時の経緯が合法的であろうとなかろうと、占領地において入手されたものは全て「掠奪された財産」とみなされることになりました。ただしその認定の時間的な範囲は一九三七年以降の日中戦争期に限られており、それ以前の植民地朝鮮における統治期間の多くは除外されていました。

ＧＨＱは一九四七年三月に、略奪した考古資料の目録を提出するように日本政府に指示しました（SCAPIN-1581）。しかし日本政府の回答は、略奪した考古資料はどこにも見つからなかったという驚くべきものでした。

返還対象となった略奪財産のうち考古資料以外のものは、ミシンやタイプライターなどの備品類から貴金属や原材料・船舶にいたる広範囲のもので、書籍一九万二八一三点、文化財二三九四点が含まれていました。香港で没収された消防車や銅像のイギリスへの返還、あるいはインドネシアのカリマンタン（ボルネオ）島で収奪されたダイヤモンドで装飾された王冠のオランダ領東インド政府への返還、そして北京協和医学院の人類学資料の中国政府への返還などが行われました。対象資料の選定は「強迫の下にもしくは無価値の通貨で購入されたものは、略奪されたものとみなされた。支払いが行われていたという単なる事実は、詐欺、強制もしくは強迫が行われなかったという決定的証拠がない限り無視された」（藤田尚則「略奪財産」『GHQ日本占領史26 外国人財産の管理』日本図書センター、一九九八年）という基準でなされました。日本政府は、総理庁の外局として一九四八年から一九五二年まで賠償庁を設置して対応しました。

一九四八年八月にGHQは、極東委員会（連合国の対日政策決定機関）一一カ国の代表者からなる「返還諮問委員会」を設置して、日本から各国への返還作業全体を管理させました。

中国への返還

外務省特殊財産局によって『中華民国よりの掠奪文化財総目録』が出版されました。奥付がないため正確な刊行年は不明ですが、一九四九年と考えられています。これは、中華民国教育部清理戦時文物損失委員会が作成した『中国戦時文物損失数量及估価総目』を外務省が翻訳したもので、書籍・字画・碑帳・古物・古蹟・器具・標本・地図・美術品・雑件に区分された総計で三六〇万七〇七四件、七四一カ所、一八七〇箱という膨大な量の中国からの略奪品リストです。

一九四九年一月には中華民国駐日代表団が、「戦時中、日本陸軍と海軍によって持ち去られた中国文化財と書籍の調査及び返還についての依頼」という文書と共にこの目録をGHQに提出しました。日本政府はこれを受けて、一九四九年八月に中国から要請のあった略奪文化財に関する全国調査のために六人の委員からなる「中国文化財委員会」を設置しました。

その後、一九五一年六月に山東省曲阜魯城出土資料が報告書五〇部と共に東京大学から中国側に返還されましたが、その報告書には「これらのものを中国に返還するにあたって、うたた感慨の深いものがある」（駒井和愛『曲阜魯城の遺蹟』東京大学文学部考古学研究室、一九五一年）と記されているだけで、返還に関する具体的な経緯については明らかにされていません。

しかし、このように実際に返還された文化財は、中国側の要求からすればほんのわずかなものでした。また、実際に返還されたとしても、それで問題が解決する訳ではありませんでした。

例えば一九四二年三月から四月にかけて当時の「満洲国琿春県」による「建国十周年記念事業」として、渤海国の都城跡「東京龍原府」が「半拉城址」として発掘されました。この調査で出土した資料は、「満洲国文教部」から「満日文化協会」を通じて東京帝国大学にもたらされましたが、これらは戦後になってＧＨＱの指示により台湾の国立故宮博物院に返還されました。返還された時期は一九四九年の中華人民共和国成立以後でしたが、日中国交正常化以前であったために、台湾の中華民国に返還されたのです。こうして現在の中華人民共和国の吉林省琿春市から出土した資料は、二〇〇〇キロ以上離れた台湾で保管されることになりました。

朝鮮半島由来の文化財

いろいろな問題が残されているにせよ、このように曲がりなりにも中国側に文化財が返還されたのは、当時の中国（中華民国）が連合国を構成していたからです。こうした要件を満たしていなかった朝鮮半島由来の略奪文化財の返還については、日本政府はもとよりＧＨＱもほとんど関心を示しませんでした。日本の植民地であった「朝鮮」は、日本との交戦国ではなく、ＧＨＱにとって「特殊的地位の国」という扱いでした。そのため、中国への対応とは異なり、「朝鮮文化財委員会」はついに設置されませんでした。このように戦後の日本の文化財返還には大きなゆがみがありました。

植民地支配下の朝鮮で設立された民間の歴史研究団体「震檀学会」が、略奪された図書と文化財の目録を一九四五年一二月に朝鮮半島の米軍政庁に提出したのが、朝鮮半島由来の文化財の返還についての最初の試みです。こうした作業を踏まえて、韓国政府は一九四九年九月に「対日賠償要求調書」を発表しました。その内容の一部は、一九五二年二月の第一次日韓会談における「対日八項目要求」として示されました。八項目の第一項は「文化財及び金・銀の返還」でした。

それ以降、長期間の交渉を経て一九五八年には慶尚南道の昌寧校洞古墳群の出土品一〇六点が韓国に返還されました。そして最終的には、一九六五年に日韓基本条約と共に調印・批准された日韓文化財協定（「文化財及び文化協力に関する日本国と大韓民国との間の協定」）によって、一四三二点の文化財が返還されました。

当初、韓国側が提示した返還目録に掲載されていた三二〇〇点以上の文化財の中には、東京国立博物館所蔵の「慶尚南道梁山夫婦塚出土品」や京都大学所蔵の「河合弘民典籍コレクション」あるいは当時は個人の所蔵品であった「小倉《おぐら》コレクション」（＊**コラム1**）などが含まれていました。しかしそれらについて日本側は、いずれも不法・不当に日本にもたらされたものではなく、返還する国際法の根拠もないとして拒否していました。

実際に返還されたのは、「慶州路西里二一五番地古墳出土品」や「慶州皇吾里第一六号墳出土品」のほか、郵便配達人の帽子や郵便消印用の印、郵便局の看板など国有の文化財に限定されており、民間所有の文化財は一切含まれませんでした。

この日韓文化財協定には、「合意された議事録」という短い文章が付されており「日本国民がその所有するこれらの文化財を自発的に韓国側に寄贈することは日韓両国間の文化協力の増進に寄与することにもなるので、政府としてはこれを勧奨するものであると述べた」と民間所有の文化財に関する取り扱いについて記されていました。しかし日本政府が実際に民間が所有する文化財を韓国側に寄贈するように働きかけたことは現在に至るまでありません。

不十分な取組

このように日韓文化財協定は多くの問題を抱えたものであり、協定調印時には、日本の考古学研究団体が自己批判を込めた抗議声明を発表しています。

「文化財はその国独自な文化・芸術の直接的表現として民族的な価値自体である。それゆえ、朝鮮民族の意志と心情に反してその文化財をもちさることは、殺害や言語抹殺と同じく彼等にとって最大限の屈辱と怒りであるはずである。私たち日本の考古学研究者が、個々人の意識無意識のいかんにかかわりなく、朝鮮文化財の日本流入に手をかした事実は、もはやうちけすことはできない。そのことの反省なしに、そして戦後二十年余この事実に無関心をつづけたことの反省なしに、私たちは、どこに研究の姿勢を据え、何を根拠として文化財保護を叫ぶことができるだろうか」(考古学研究会委員会『考古学研究』第一二巻 第三号 表紙裏「「日韓条約」に反対し、過去の日朝関係を反省しよう」一九六五年)。

しかし、このような日本の反対運動が韓国の人びとと連帯することはありませんでした。その要因については、日本における日韓基本条約に対する認識が「安保体制の再編強化」といった国内的な視点に留まり、三五年間の植民地統治を不法・不当とする韓国側の認識と隔たりがあったとの分析がなされています（真木美鶴「個別考古学においても「日」帝の朝鮮侵略を問う運動を！——「日韓条約」—「文化協力協定」締結十周年をむかえて」『プロレタリア考古』第一九・二〇号、一九七五年）。

一九七〇年代になると、在日朝鮮人への差別撤廃を求める市民運動の中から、『日帝期文化財被害資料』（黄壽永《ファンスヨン》編、一九七三年）の翻訳作業が進められました。中心的な役割を担った岡本俊朗は「略奪文物を各国人民に返還しよう！」「帝国陸軍・日本考古学の「犯科帳」翻訳に参加しませんか？」と呼び掛けました。このときの翻訳作業は未完に終わりましたが、その遺志は四〇年後に別の市民団体に引き継がれ、近年になって詳細な解題・解説を付して刊行されました（李洋《イーヤン》秀《ス》・李素玲《イーソリョン》訳、荒井信一監修『韓国の失われた文化財——増補 日帝期文化財被害資料』三一書房、二〇一五年）。

こうした市民運動の流れは細々と断続的に続けられていましたが、代表的な学会組織では問題提起を正面から受け止めることができませんでした。二〇一〇年の日本考古学協会の総会では、不法・不当に収集された考古資料について、学会として入手経緯に関する調査を行い、問題解決に向けて具体的に行動するように会員から要望が出されました。しかし理事会の応答は、「過去の歴史的事実を研究することは可能であるが、様々な現代政治的問題が絡むこと」あるいは「国政レベルでの事案であること」から継続審議にするという後ろ向きのものでした。

文化国際主義と文化現地主義

海外に目を向けると、二〇〇二年に「普遍的博物館の重要性と価値に関する宣言（DIVUM）」という声明文がルーブル、メトロポリタン、ボストン、プラド、エルミタージュなど欧米の主要な博物館や美術館の館長名で発表されました。これは、当時各地でなされはじめた略奪文化財の返還要求に対して、世界的に貴重な文化財は原産地国で所有されるよりも普遍的な博物館や美術館で展示されてこそ、その意義がいかされるとする「文化国際主義」の立場を表明したものでした。

こうした動向に対して二〇一〇年四月にエジプトのカイロで、奪われた側の国々による「文化遺産の保護と返還のための国際協力に関する会議」が開催されました。会議では、奪われた文化遺産を原産地国に取り戻すことが合意され、早急に返還を求める「優先遺物目録（Wish List）」が公表されました。

このように、返還を求められている所有者側は、文化財についてその普遍的な価値を強調する「文化国際主義」を主張しています。それに対して文化財の返還を求める原産地国側は、該当する文化財を元の場所（現地）へ戻すことを主張する「文化現地主義」に立っています。

原産地国側は外国に所在する自国の文化財全ての返還を求めているわけではありません。その持ち去られ方に明らかに問題がある貴重な文化財について、返還を要求しています。そのような文化財を所有する博物館や美術館が展示を続けたいのであれば、まずは文化財を返還して双方の信頼関係を構築し、その上で、あらためて借用の手続きを取るべきでしょう。

文化財の入手経緯について問題がある場合でも、保有期間が長期間に及べば「時効」が成立していると主張されることがあります。長期間にわたって大切に保管してきたことをもっと評価すべきだとの主張もなされています。しかし物品の所有権に関する現代法では「時効」の規定が該当したとしても、貴重な文化財については一般的な物品の法的な規定を超えた倫理的な判断が求められています。

現在の保有組織が入手方法の合法性を主張したとしても、原産地国側からすれば許諾を与えて貸し出した覚えはないはずです。植民地支配という圧倒的に不利な状況下で搬出されたという個別の経緯にとどまらない、植民地支配そのものに対する現在の評価が問われているのです。

「全人類共有の文化遺産」と称されるような貴重な文化財に関しては、その本来的な所有権は原産地国側にあり、現在の所有者はある意味で期限を限って貸し出された資料の一時的な「保管者」に過ぎないという理解が広まっています（吉田憲司「史料・文化財は誰のものか――文化遺産の返還をめぐる世界の動き二〇一〇」『〝歴史を裁く〟ことの意味（第一〇回日韓・韓日歴史家会議報告書）』二〇一一年）。「ポストコロニアルな時代」と呼ばれる二一世紀では、こうした「レンタル期間」はすでに終了しているのです。

返還されたヘラクレス像

アメリカのボストン美術館が所有していた「休息するヘラクレス」と題される大理石製の上半身像をめぐる経緯について考えてみましょう（田中英資「「Win-Winな解決方法」か「脅迫」か――トルコによる国外流出した文化遺産の返還要求に関する最近の動向」『福岡女学院大学紀要　人文学部編』第二四号、二〇一四年）。「休息するヘラクレス」は古代ギリシャ・ローマ時代の最も有名な彫刻像として知られていましたが、その来歴地は「エーゲ海もしくは西部アナトリア」といった曖昧なものでした。

ところが一九八〇年にトルコのアンタルヤ近郊の都市遺跡から出土した下半身像（図2）とボストン美術館の上半身像が本来一体のものではないかとの見方が広がり、大きな問題となりました。トルコ政府の問い合わせに対し、ボストン美術館は無関係と主張していましたが、トルコ側が準備した下半身像の石膏型をボストン美術館の上半身像と組み合わせたところ同一のものであることが証明されました。こうした状況を踏まえて両国の間で長期間にわたる交渉が行われ、二〇一一年にアメリカを訪問したトルコの首相が上半身像をトルコに持ち帰ることで、ようやく別れ別れとなっていた上半身像と下半身像は合わさってもとの形を取り戻すことができました（図3）。

こうした事例はトルコだけでなく世界中に存在すると思われます。日本の博物館や美術館にも、仏像の頭部だけが多数展示されています。頭部がない仏像が、どこかにあるはずの自らの頭部が戻ってくるのを待っているのです。

植民地期に現在の大韓民国京畿道の利川《イチョン》市から運び出された五重石塔は、地元の市民たちが石

図2　下半身のみのヘラクレス像（田中英資氏 2011 年 8 月撮影：田中「「Win-Win な解決方法」か「脅迫」か」167 頁）

図3　上半身と下半身を結合させたヘラクレス像（田中英資氏 2012 年 8 月撮影：同上 169 頁）

塔が帰ってきた時に設置する場所を用意して、その帰還を待ち望んでいます（＊**コラム2**）。

基礎情報と由来情報

異国からもたらされた貴重な文化財については、文化財が作られた時代や場所あるいは大きさや材質といった**基礎情報**に加えて、どのようにして今ある場所に置かれることになったのかといった**由来情報**が重要です。現在、多くの博物館や美術館の展示資料に添えられている解説文章（キャプション）には、展示資料の名称と製作された時代や場所といった簡単な基礎情報しか記されていません（図4）。しかしこれからは、いつ、どこで、どのようにして今ある場所に持ち込まれたのか、という由来を明確に記すことが必要ではないでしょうか。

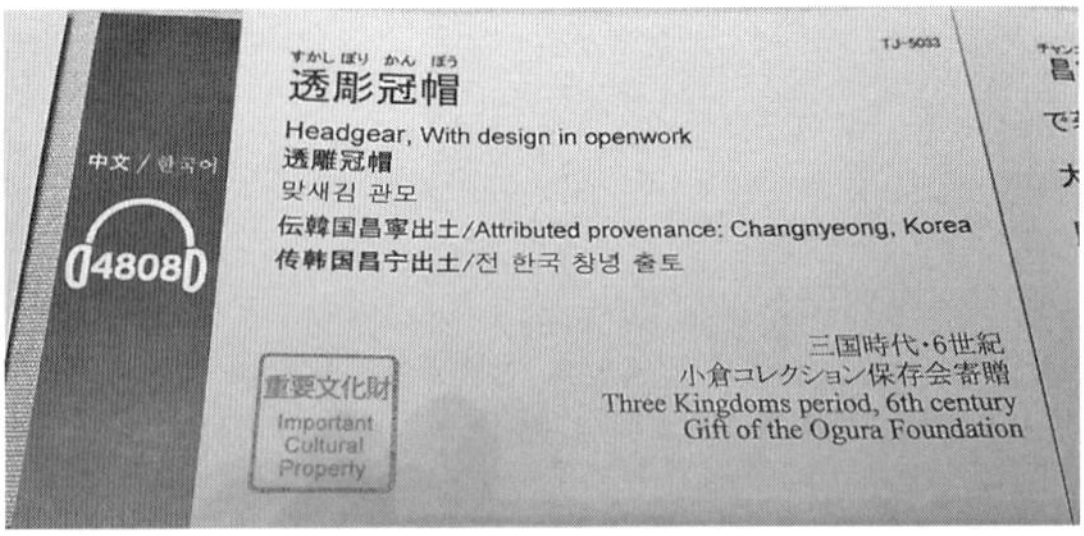

図4　東京国立博物館のキャプション（著者撮影）

私たちが目にしている文化財は、どのようにして今ある場所にもたらされたのか、誰にも分かるように基礎情報に加えて由来情報をも併記する。これが二一世紀の博物館や美術館などの文化財所蔵組織に対する社会的な要請であり、こうした要請にどれだけ誠実に答えているかということがその組織の倫理度《エシカル》を測る基準となります。展示品が現在ある場所にもたらされた経緯を、一般の観覧者にも分かるように展示することによって、返還すべき資料とそうでない資料の区別についても、社会的な合意を形成することができるようになります。

私たちは、博物館や美術館などで異国からもたらされた素晴らしい文化財を見るときに、「なぜ、これが、ここに、あるのか」そして「誰が、いつ、どのようにして、ここに持ち込んだのか」という問いを繰り返し発しなければなりません。そしてそれが明らかでない場合には、なぜ由来情報を示すことができないのかと所蔵者に問いかけることが必要です。

なぜならば所蔵している文化財の入手経緯の正当性を証明する責任は、所蔵者にあるからです。

……………………

＊コラム1　小倉《おぐら》コレクション

小倉コレクションは、小倉武之助（一八七〇―一九六四）が植民地期に朝鮮半島で収集した一一〇〇点余りの膨大な量の文化財資料群です。

小倉武之助は、一九〇九年に朝鮮の大邱《テグ》市で電気会社を設立し、後に事業を拡大して南鮮合同電気社長、朝鮮電力社長、大邱商工銀行頭取などを歴任して巨額の富を形成しました。こうした資金を元手に、一九二〇年代から朝鮮半島の古美術品を精力的に収集しました。大邸の本邸とは別に、一九三一年には数千件の朝鮮文化財を日本に搬出し、東京の私邸で保管していました。一九四一年には日本考古学会第四六回総会にあわせて「小倉武之助所蔵品展覧会」を東京市本郷区の小倉邸で開催しました。小倉は自費で作成した「展観目録」を「総数百五十余名」の来場者に無料で配布し、自ら陳列場で「蒐集の苦心談や説明の労をとられた」とされています（『考古学雑誌』第三一巻 第六号「第四十六回本会総会記事」）。

そして一九四五年一〇月には、大邱に所蔵していた収集品を携えて日本に帰国しました。晩年の一九五八年には、自らの所蔵品を管理するために財団法人「小倉コレクション保存会」を設立しました。そのコレクションは、重要文化財八点、重要美術品三一点を含む一一一〇点です。

一九六五年の日韓基本条約に至る交渉過程では、韓国側から小倉コレクションの返還が繰り返し要請されました。外務省は、難航する交渉を打開する糸口として小倉コレクションの部分的な返還を検討しましたが、文部省の文化財保護委員会が強硬に反対し、最終的に個人の所蔵品であることを理由に返還対象から除外されました。

小倉の死後一九八一年になって、小倉コレクション保存会がコレクションを一括して東京国立博物館に寄贈しました。このことによって一九六五年当時の返還を拒む条件は、大きく変化しました。

また東京国立博物館が寄贈を受けるにあたって、由来調査をどの程度まで行い、その収集経緯についてどのような認識を有していたかが問われています。なぜならば小倉コレクションを受け入れた一九八一年当時には、すでに一九七〇年ユネスコ条約が成立しており、日本国内では国会での承認に手間取ったために二〇〇二年にようやく発効する以前とは言え、その規定に抵触する可能性があるからです（本書三〇頁参照）。

二〇一四年には韓国の市民団体が、盗品の寄贈を受け入れることを禁じた国際博物館会議（ＩＣＯＭ）の規約に基づいて東京国立博物館を管轄する国立文化財機構に対して、朝鮮王室所蔵品・慶州金冠塚出土品・昌寧古墳群出土品など確実に不法に持ち出されたとみなされる三四点に限定した上で、その所蔵を停止するように東京簡易裁判所に提訴しました。しかし実質的な審理に入る前に、該当文化財の所有者ではないことから訴えはしりぞけられました。

なお裁判所は、指摘された資料群が不法に入手されたものかどうかについての判断は下していません。小倉コレクションには、一八九五年の明成皇后（閔妃《ミンビ》）暗殺（乙未《いつび》事変）の際に殺害現場から持ち出されたと小倉武之助自身が記した「朱漆十二角膳」別名「風穴盤」（資料番号：TH-441）が含まれています。あるいは「龍鳳紋の入った鎧と冑」（資料番号：TK-3445）については、冑の尖端部分には玉鳳、そのほか五爪龍文様が施されており、王室の伝来品であることは確実です。こうした皇帝自らが着用した武具が、当時の正当な商取引を介して一般人の手に渡ったと解釈することは困難です。

＊コラム２　利川《イチョン》五重石塔

植民地下の一九一五年に京城《けいじょう》（現ソウル）の王宮（景福宮《キョンボクグン》）で「朝鮮物産共進会」と名付けられた博覧

図５　利川五重石塔と朝鮮物産共進会美術館の絵はがき（朝鮮写真通信社）

会が開催されました。この博覧会は、植民統治五年間の成果を内外に示すことを目的とした当時の日本の総力を結集した一大イベントでした。会場を装飾する展示品として、朝鮮半島の各地から多くの石造物が集められ配置されました。その一つが、京城から南東五〇キロほどに位置する利川市にあった高さ六メートル余りの五重石塔でした。これは、高麗時代初期の一一世紀の石造物で、会場の美術館前に設置されました（図５）。

朝鮮物産共進会を設営するための工事を請け負った大倉財閥の創業者大倉喜八郎（一八三七―一九二八）は、会場となった景福宮の資善堂《チャソンダン》と呼ばれる建物を一九一五年に東京の私邸に移設して「朝鮮館」と名付けました。

大倉は一九一七年に、日本で最初の私立美術館である大倉集古館を創設し、「朝鮮館」もその一角に建てられていました。大倉はさらに集古館の庭園にふさわしい石造物を朝鮮総督府に求めました。当初は平壌駅前にあった「六角七重石塔」を希望していましたが、朝鮮古蹟調査委員会は「人ノ熟知セルモノナルヲ以テ之ヲ他ニ移スコト適当ナラス」として却下しました（一九一八年一〇月三日起案「古蹟調査委員会ニ関スル件　議案　石塔譲渡ノ件」）。代替品として朝鮮総督府が推奨したのが、博覧会終了後に朝鮮総督府の敷地に置かれていた利川五重石塔でした。
大倉集古館理事の阪谷芳郎《さかたによしお》は、朝鮮総督府からのアドバイスに従って、一九一八年一〇月に「朝鮮古石塔一基御下附願」を総督宛に提出しました。譲渡の理由として「合併ニ係ル国民間ノ同化親交ヲ増進スル上ニ於テ不尠利益有之」と記されていました。申し出を受けた総督府は、即日「石塔下附ノ件」(図6)を承認し、搬出港となる仁川の税関長に対しては石塔搬出の際に特別に便宜を図るように通知していました。

「朝鮮館(資善堂)」は一九二三年の関東大震災によって焼失し、礎石のみが残され、多くの人たちはその存在さえ忘れていましたが、一九九三年に韓国・牧園《モクウォン》大学建築学科の金晶東《キムジョンドン》教授がホテルオ

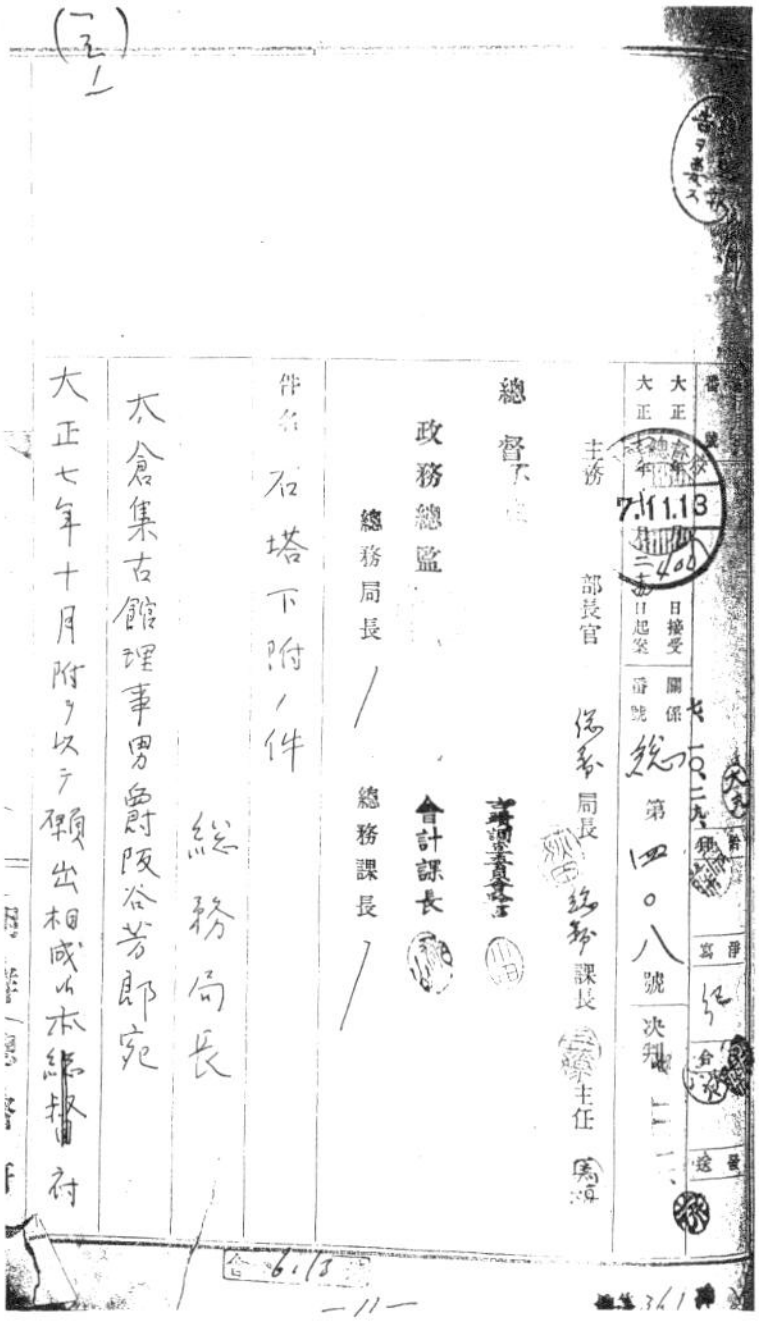

図6　石塔下附ノ件(大韓民国国立中央博物館所蔵：利川五重石塔還収委員会『第1次国際シンポジウム』61頁)

ークラの敷地に残る遺構を発見しました。このことが契機となって、一九九五年に大倉集古館が韓国のサムスン文化財団に寄贈する形で、資善堂の礎石二八八個が韓国に返還されました。

二一世紀になって、大倉集古館に残る利川五重石塔の帰還を望む多くの利川市民によって市民団体「利川五重石塔還収委員会」が結成されました。二〇〇九年には帰還を求める一〇万筆以上の市民の署名が集まりました。こうした市民たちの熱意に答えて、二〇一一年には利川市議会が還収に向けての決議を採択し、二〇一五年には韓国国会も決議しましたが、それ以後事態は一向に進展していません。

利川五重石塔は、平壌由来の八角五重石塔と共に一九三三年七月に「重要美術品」に指定されていました。重要美術品とは、文化財の海外流出を防止するために一九三三年に制定された「重要美術品等ノ保存ニ関スル法律」に基づくものです。一九五〇年に制定された「文化財保護法」によって重要美術品に関わる法律自体は廃止されましたが、認定された重要美術品は一九五〇年以降も「当分の間」その効力を有するとされ、大倉集古館が返還を拒む根拠の一つになっています。

しかし重要美術品は、日本の古美術品の海外流出を防ぐために制定されたものであり、法制定当初から海外輸出が許可された場合にはその認定が取り消されることになっていました。日本に持ち込まれた海外の有形文化財については、日本で作られた文化財とは異なる取り扱いがなされて然るべきです。

Ⅱ　国際法と先住民族

前章でみたように、帝国主義（植民地主義）という力（パワー）を背景とした抑圧的な体制のもとで入手した異国の文化財を、現在に至ってもなお所有し続けることの妥当性が問われています。そのような文化財の不当な入手は、帝国主義国家の外的な力だけではなく、私たちが共有する歴史認識や価値観といった内的な力によって可能となりました。

近年の欧米諸国では、戦時期に持ち出された文化財について、エジプト・ギリシャ・トルコなど古代文化が栄えた原産地国からの返還要求に応じて、自らの戦争責任と植民地責任を捉え直す動きが大きな潮流となっています。その根本的な問題意識は、「過去は誰のものなのか」あるいは「力を持つ者たちだけが、あらゆる過去を占有し続けていいのだろうか」という問いです。

国際法

第二次世界大戦期間中に被占領国の文化遺産が占領国によって組織的に略奪されたことを受け

て、一九五四年に条約が作成されました。国際連合教育科学文化機関(ユネスコ)によって制定された「武力紛争の際の文化財の保護に関する条約(一九五四年ハーグ条約)」です。日本は、制定から半世紀を経た二〇〇七年にようやく批准し、効力が発生しました。この条約は、文化財を敵国の攻撃から保護し、被占領国の文化財が流出することを未然に防止するだけではなく、流出先の国から原産地国への文化財返還を促す点に大きな意義がありました。

一九七〇年の第一六回ユネスコ総会では、「文化財の不法な輸入、輸出及び所有権移転を禁止し及び防止する手段に関する条約(一九七〇年ユネスコ条約)」が採択されました。日本は二〇〇二年になって国会で承認し、「文化財の不法な輸出入等の規制等に関する法律」として発効しました。一九七〇年ユネスコ条約には、条約加盟国が批准する以前になされた行為について適用する遡及効果はありませんでした。しかし、同条約が示した精神すなわち「不法に輸出された文化財は所有国に通知し、盗難された文化財の輸入を禁止し、不法に輸入された文化財に対して返還の求めがあれば適切な措置を講じる」ことは、一九七〇年以前についても求められています。

その後、一九七三年の第二八回国連総会では、決議第三一八七号として「略奪文化財の返還」が採択され、一九七八年には「文化財の原保有国への返還または不法な入手の回復に関する政府間委員会(ICPRCP)」が設置されました。過去の事案に対して効力を持たなかった一九七〇年ユネスコ条約の不備を補うための措置でした。

原状回復の原則

二〇一二年に対馬の神社から二体の仏像が盗まれる事件が起きました。二〇一三年に犯人は韓国で逮捕されて盗品も回収されましたが、その内の一体は、もともとの所有を主張する韓国・瑞《ソ》山《サン》市の浮《プ》石《ソク》寺が「有体動産占有移転の禁止仮処分申請」を起こしたために韓国に留め置かれています。すなわち盗難事件以前の原状が、回復されていないのです。

これは当該案件の「原状」について、原告である韓国の浮石寺と被告である韓国政府の解釈が異なっているためです。韓国の裁判所は、所有が争われている「観世音菩薩坐像」について、中世に浮石寺から倭寇によって盗まれたものであり、韓国に留め置かれることが「原状回復」であるとの司法判断を下しました。現在は対馬に戻すように主張する韓国政府が上告中です。

このようなケースでは、一方の国の司法判断のみに結論を委ねるのではなく、当事者間あるいは第三国の関係者も交えた政府間委員会などの第三者機関で検討・審査して、然るべき結論を得る必要があります。

文化財返還問題と関連する問題として遺棄化学兵器問題があります。一九九三年には「化学兵器禁止条約（ＣＷＣ：化学兵器の開発、生産、貯蔵及び使用の禁止並びに廃棄に関する条約）」の署名がなされ、日本でも一九九七年に発効しました。ＣＷＣでは、一九二五年以降に他国の領土において同意なく遺棄した化学兵器は、遺棄した当事国が責任をもって無害化することを義務付けています。このことを受けて、日本でも中国領土内に遺棄した膨大な化学兵器を掘り出して無害化するために、内閣府に「遺棄化学兵器処理担当室」を設置して、二〇〇〇年から発掘・回収・廃棄作業を行っています。海外で国営の発掘調査が行われているのです。

「遺棄化学兵器」は自分たちにとって都合の悪い〈もの〉であり、「略奪文化財」は自分たちにとって都合の良い〈もの〉です。都合の悪い〈もの〉を埋めてきた国が自らの費用で掘り出して無害化し原状を回復させるのと同様に、都合の良い〈もの〉を勝手に持ち去った国は自らの費用で原状を回復するように努めなければなりません。これが「原状回復の原則」です。

先住民族の権利回復

一八世紀以降、「社会進化論」すなわち野蛮な社会から欧米白人社会に代表される文明社会に進化するという誤った学説、あるいは「人種主義」すなわち人種には優劣があり白人種が最も優れているという偏見（人骨の特に頭蓋骨の形態から人種の違いが導き出されました）が広まり、世界各地の先住民族から多くの遺骨および文化遺産が収奪されました。これらは、文明国である自分たちは劣った先住民族の文化遺産を保有する義務と権利があるとして植民地経営を正当化するために行われたものでした。

一九七〇年代初頭に、アメリカのアイオワ州で道路工事中に白人と先住民の墓地が発見されました。このことが、それまでの差別的な事態が変化するきっかけになりました。この時、白人の遺体はすぐさま改葬されたのに対して、先住民の遺体は一方的に大学の研究室に送られていました。このようなあからさまな遺体・遺骨の取り扱いの違いが問題視されて、一九七六年に「アイオワ埋葬保護法」という法律が制定され、返還に関わる事態が大きく進展することになりました。

その後、世界の返還運動は、アメリカのサウスダコタ州で行われた世界考古学会議で採択された一九八九年のバーミリオン協定、アメリカの公有地で発見されて公的機関が所有している遺物は先住民に返還することを規定した一九九〇年の「アメリカ先住民族墓地保護返還法（NAGPRA）」の制定によって大きく前進しました。アメリカ先住民族墓地保護返還法によって、先住民の子孫にはその民族の文化的事物に対する文化的な帰属権すなわち返還を求める権利があることが確認されたのです。

図７　段ボール箱に入れられていた頭蓋骨（『飛礫（つぶて）』第11号，1996年，47頁）

日本の先住民族アイヌ

それでは日本の先住民族であるアイヌは、どのような扱いを受けてきたのでしょうか。一九三二年に国家的な学術団体として設立された日本学術振興会の第八常置委員会（医学・衛生学部門）に、「アイヌの医学的民族生物学的調査研究」を主題とする第八小委員会が設置されました。第八小委員会は、一九三四年以降、北海道あるいは千島列島の各地でアイヌ民族の知能検査や生体計測を行うとともに、「アイヌ墓地」を発掘して多くの人骨と副葬品を収集しました。こうしたアイヌ墓地の発掘は、戦前だけでなく戦後になっても北海道大学などによって続けられていました。日本でもアメリカと同様に、工事などで日本人（和人）とアイヌの墓地が発見されると、日本人（和人）の遺骨は改葬されたのに対して、アイヌの遺骨は大学の医学部に収納されるという差別的な取り扱いがなされていました。

その後、アメリカでアメリカ先住民族墓地保護返還法が発効して遺骨や副葬品の返還運動が大きく進展していた一九九五年、日本では北海道大学古河記念講堂の「旧標本庫」と呼ばれていた部屋から、段ボール箱に放置されていた頭蓋骨六体が発見されました（図７）。「北大人骨事件」

と呼ばれています。一体は朝鮮半島の東学農民軍の指導者、三体はウィルタ民族、残り二体は日本人およびアイヌ民族とされています。朝鮮人の遺骨は一九九六年に韓国の全州《チョンジュ》市に、ウィルタ民族の遺骨は二〇〇三年にサハリンのポロナイスク市に返還されて埋葬されました。しかし、他の二体は、未だに北海道の寺院で仮安置されたままです。

二〇〇七年には国際連合第六一会期総会において「先住民族の権利に関する国際連合宣言」(国連文書 A/RES/61/295)が採択されました。その第一二条には「先住民族は、……遺体・遺骨の返還に対する権利を有する」と明記されています。

図8　児玉作左衛門教授と研究室(小川隆吉『おれのウチャシクマ——あるアイヌの戦後史』寿郎社，2015年，126頁)

こうした動向を受けて、文部科学省は二〇一一年から全国の大学が所蔵しているアイヌ民族の遺骨調査を指示しました。その結果、大学では一二大学で遺骨一六七六体ほか三八二箱、副葬品七〇箱、博物館では一二施設で遺骨七六体ほか二七箱が所蔵されているという結果が報告されました。二〇一三年には北海道大学が『北海道大学医学部アイヌ人骨収蔵経緯に関する調査報告書』を刊行しました。しかし遺骨と共に入手した副葬品(図8)については、現在もなお調査中とされています。

二〇一七年にはアイヌの遺骨と副葬品に関連する研究について、北海道アイヌ協会・日本人類学会・日本考古学協会による『これからのアイヌ人骨・副葬品に係る調査研究の在り方に関するラウンドテーブル報告書』が公表されました。そこでは、研究対象にすることが適切でない資料として次のように述べられています。

「学術資料の一般的な見地から見て、収集経緯が不明確であるものや、時代性や埋葬地に関する情報を欠如するものや、資料の正確性を担保する基本的データ(例えば、発掘調査時の実測図、写真、出土状態の記載)が欠如するもの。そのほか、調査行為自体に研究倫理の観点からみて学術資料として活用することに問題を含むもの」(https://www.kantei.go.jp/jp/singi/ainusuishin/dai9/sankou5.pdf 7頁)

こうした指針は、先住民族であるアイヌの遺骨と副葬品だけに該当するのではなく、琉球民族はもちろんのこと、戦時期に朝鮮半島や中国大陸において不当に入手した考古資料・文化財についても当てはまるでしょう。

Ⅲ　負の遺産から正の遺産へ

戦利品と文化財

中国大陸の戦場で敵兵の白骨を踏み越えて遺物の採集行為を行った日本人考古学者がいました。アイヌ人の墓地を発掘して得た副葬品の刀を自らの研究室にこれ見よがしに並べていた研究者もいました。

私たち人間の奥深いところにある〈もの〉に対する欲望すなわち物欲について、よくよく考えなければなりません。通常であれば到底手にすることができない獲物を誇示することによって、自らの地位（ステータス）を他者に見せつける行為は、いにしえからの人間の本性と言うべきものです。かつて豪邸の装飾品として欠かせない記号（アイコン）は、サファリなど狩猟で得た牡鹿の頭部や虎の毛皮でした。しかし今やこうした品々は、動物愛護といった観点からはもとより、あからさまな物欲の誇示として忌避されるようになりました。

闘いにおいて勝利した側は敗北した側の所有物を獲得することができるという「戦利品」につ

いても考えなおす必要があります。

皇居の南西部に位置する吹上御苑《ふきあげぎょえん》に、「御府《ぎょふ》」と呼ばれる瓦葺きの建物（倉庫）が五棟あります。一九世紀の後半から行ってきた日本の対外戦争ごとの勝利を誇示するために、敵から獲得した「栄光の記念品（戦利品）」がそれぞれ展示されていました。しかし一九四五年の敗戦後に、これらは一転して「忌むべき略奪品」へと変貌しました。軍国主義を誇示する品々が皇居に存在するのは好ましくないとして、一九四六年七月にすべての収蔵品が日本鋼管川崎工場で溶解処分されました（井上亮『天皇の戦争宝庫――知られざる皇居の靖国「御府」』ちくま新書、二〇一七年）。しかしこうした品々も、本来ならば奪ってきた元の国々に返還すべきで勝手に処分してはいけないはずでした。

「御府」の前庭には、「鴻臚井《こうろせい》の碑」と呼ばれる高さ一・八メートル、重さ九〇トンの巨石が置かれています。これは七一三年に唐が渤海王を冊封《さくほう》した事績を記した古代の石碑で、かつては中国の遼寧省旅順に建てられていました。日露戦争で旅順を租借地とした日本軍は、一九〇八年にこの巨大な石碑を搬出して天皇に献上しました。「鴻臚井の碑」は、東アジアに存在していた渤海という古代国家を研究する上で欠かせない歴史資料ですが、非公開のため現在どのような状況なのか研究者すら確かめることができません。

宮内庁書陵部が所蔵していた「朝鮮王室儀軌《ちょうせんおうしつぎき》」と称される文献資料群も長い間その存在が忘れられていましたが、多くの人の努力によってようやく故国に戻ることができました（＊コラム3）。

文化財略奪の意識構造

なぜこうした文化財の略奪がなされたのでしょうか？　その要因、心理を探らなければなりません。

古代以来、文明がいち早く発展した地域の文化財は周辺地域へと流出していきました。中心である先進地域と周辺の後進地域とでは、様々な産物を生み出す技術や意匠といった文化力に著しい格差があったためです。周辺地域は、中心地域からもたらされる様々な知識、政治体制、度量衡、文字、暦などを受け入れることによって自らの社会を発展させていきました。単に進んだ知識や情報だけでなく、技術的にもデザイン的にも高度な産物が数多く流入しました。優れた産物を受け入れた地域は、必然的にそうした物品を産み出した先進地域に対して憧れの心情を抱くことになります。もちろん周辺地域から中心地域へと逆にもたらされた産物もありましたが、それは一次産品などで、文化財などは先進地域から周辺地域へという流れが圧倒的でした。

こうした産物の移動は、強制的になされたのではない自然な流出・流入と言えます。例えば

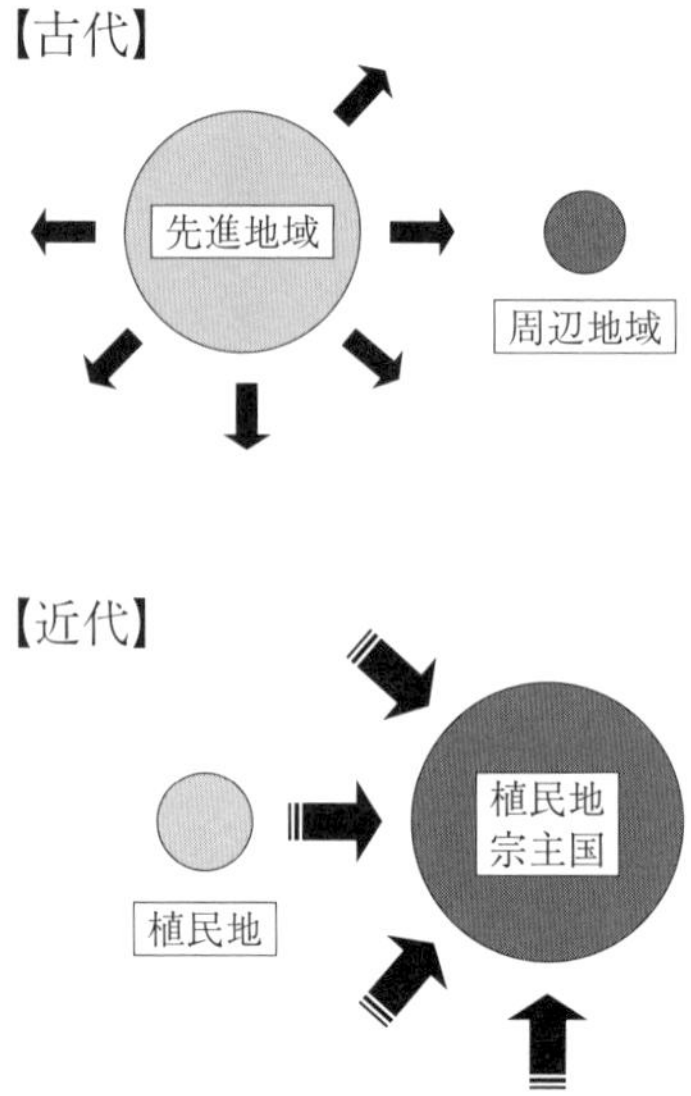

図9　古代と近代における〈もの〉の流れ

「正倉院宝物」と呼ばれる日本古代の一括文化財群では、日本国内で製作された品々よりも、中国大陸など海外で製作された産物の占める割合の方が多いと思われます。こうした優れた産物の恩恵を受ける地域の心性《メンタリティ》として、先進地域に対する憧れが潜在的に生じます。

古代における文化財の移動は純粋な文化力の違いによるものであったのに対して、近代以降の文化財の移動は武力・経済力・政治力・学術といった「力の差」を背景とした文化財の移動でした。最も顕著な文化財の収奪は古代における先進地域と後進地域の関係が、近代における植民地と植民地宗主国という関係に重なりあい逆転したときに行われました(図9)。それは近代の植民地宗主国がかつての先進地域に対する憧憬とも言える自らの欲望を、今や力の違いを背景にして自由に満たそうとした、不幸で痛ましい出来事でした。このような文化財の収奪は、ヨーロッパ諸国によるエジプトやギリシャの文物、日本による朝鮮半島や中国大陸の文物の収奪として、洋の東西を問わず生じました。

日清戦争が行われている一八九四年に、帝国博物館総長兼宮中顧問官の九鬼隆一が記した「戦時清国宝物蒐集方法」という文書には、「戦時に文化財を蒐集する際の利便は、普通の時では得られない名品が得られることである。戦時に文化財を蒐集する際の利便は、極めて低価格で名品を得ることができることである。戦時に名品を蒐集することは、戦争に勝利する名誉に伴うもので、大いに国威を発揚することができる」という趣旨が記されており、あからさまな物欲がはばかることなく表明されています（中塚明『日清戦争の研究』青木書店、一九六八年。原文は『斉藤実関係文書』国会図書館憲政資料室所蔵）。

過去の可視化

文化財は、目で見ることができない過去を可視化した〈もの〉と言うことができます。様々な文化財を目にすることで、その〈もの〉を生み出した社会や時代を想起することができます。他者の文化財を奪うということは、言い換えればその文化財にゆかりのある人びとや歴史に関わる過去の一部を奪うということです。奪われた文化財を取り戻すということは、奪われた過去を取り戻すことを意味します。

植民地期における植民地住民や先住民族の〈遺跡〉で行われた発掘調査では、その〈遺跡〉に関わる現地の人たちの許可を得るという本国では当然なされるべき手続きが省略されていました。これは当時の調査・研究が民族差別や人種主義を背景とした植民地主義に基づいてなされていた明白な証拠です。東京大学や京都大学などには、植民地期に朝鮮半島から日本人考古学者が現地の人びとの了解を得ることなく持ち出した考古資料が、今も数多く所蔵されています（＊**コラム4**）。

現在の倫理的基準からすれば問題があるこのような行為によってもたらされた文化財を、今も所有し続けている状況をどのように考えればよいでしょうか？　できるだけ厄介な事柄には関わらず、そのまま現状を維持し続ければ、それでなかったことにできるのでしょうか？　異国の文化財を過去の忌まわしい「負の遺産」として次の世代にそのまま引き渡すのか、それとも本来あるべき〈場〉に戻すことによって「正の遺産」として継承するのかが、問われているのです。

過去の罪責を思い起こさせる事物を放置して問題を先送りにしても、負債はなくなりません。その〈もの〉を見ないようにしても、あるいはその〈もの〉にまつわる物語を思い起こさないようにしても、後ろめたい思いは必ず残ります。現在に至った過去の事柄を想起し、過去の世代がもたらした遺産と共に負債をも継承していることを認識することで、私たちの新たな生き方が始まります。そして受け継いだ債務を解消することで、はじめて意識しなかった心の傷《トラウマ》も癒されます。

返還運動とは、かつての植民地宗主国に生れた私たちが、身の回りに存在する〈もの〉を通して自らの戦争責任・植民地責任を認識し、自らを癒す営みなのです。

眼差しの変容

〈もの〉には、しかるべき〈場〉があります。文化財返還とは、つまるところ「返すべき〈もの〉をあるべき〈場〉に返す」ということに尽きます。

〈もの〉の外見的な価値しか気に留めず、ただ異国の美しい文化財あるいは珍しい品々という認識しかなかった人も、その〈もの〉が今ある〈場〉にもたらされた経緯を知ることで、〈もの〉を見る眼差しが変化します。所有者が継承した過去の栄光あるいは現在の富を表す「誇るべき〈もの〉」と考えていた状態から、その由来を知ることにより、所有者あるいは所有する組織がかつて行った不法・不当な行為を示す「恥ずべき〈もの〉」へと変容するのです。そして未だにそれらを保有し続けるという現状を改めて認識するときに、そうした〈もの〉を所有し続ける現在の所有者や組織に対して、そのことを容認し続ける自らを含む周囲の社会に対して、マイナスのイメージを抱くことになります。これが**第一の変容**です。

しかしこうした「負の遺産」に気付いた社会の努力によって、その「恥ずべき〈もの〉」が本来あるべき〈場〉へと戻されるならば、〈もの〉を作り出した社会だけではなく、本来あるべき〈場〉へと戻すことに努めた社会にとっても「誇るべき〈もの〉」となるでしょう。これが、**第二の変容**です。

こうして、異国の文化財が経験した搬出・搬入という来歴・経緯を私たちが知ることによって、それらは栄光から恥辱を象徴する〈もの〉へと変わり、さらにそうした来歴・経緯を踏まえて本来あるべき〈場〉へと戻すことによって再び本来の栄光を象徴する〈もの〉へと回帰するのです（図10）。物体としての〈もの〉自体は何ら変わりませんが、〈もの〉の来歴を知り、本来あるべき〈場〉へと移すことによって私たちの〈もの〉を見る眼差しが変わるのです。それも単なる回帰ではなく、質的に異なった本来あるべき状態への回帰なのです。

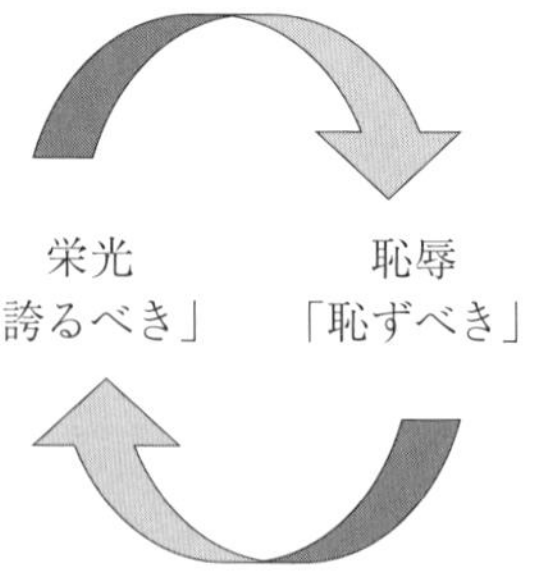

図 10　眼差しの変容，そして回帰

返還すべき文化財が長期間にわたって返還されていないとすれば、それは不当な状況を容認している私たちの社会全体の有り様を映し出していることになります。文化財返還運動は、当たり前の状態を実現することによって、〈もの〉の本来の価値を回復すると同時に、返還される側と返還する側の双方が自らの尊厳と関係性を回復する行為です。

エシカル（倫理的）な社会を求めて

私たち日本に暮らす人びとにとって文化財の返還とは、単にある〈もの〉を返す、返さないといった表面的な事柄ではなく、日本の近現代の歴史をどのように考えるのかという歴史認識の問題であり、戦時期にもたらされた戦利品を当然とする私たちの心の根本に関わる問題です。

市民の立場からこの問題に取り組んできた有光健（戦後補償ネットワーク世話人代表）は、次のように述べています。

「文化財はその後に文化財自身がたどった歴史の証言者でもある。現在は大倉集古館にある五重石塔や東京国立博物館にある小倉コレクションが二〇世紀に歩んだ旅路は、帝国日本が、他国の王室を解体し、民族のアイデンティティを奪い、歴史を改ざんし、支配を正当化し、優位性を誇示しようとした歴史の中で、強いられたものであったことは、日本側においても広く、正確に記憶されるべきことと考える」（有光健「日韓文化財問題と市民社会を考える」『日韓文化財専門家シンポジウム　文化財でつなぐ日韓の未来』二〇一八年）。

こうした歴史認識を根本に置いて、奪ってきた〈もの〉を持ち続けることは恥ずかしいという人間として当たり前の感覚を持つことが大切です。私たちが暮らす二一世紀は、単に経済的に豊かであるとか、軍事力で上回っているといったことではなく、倫理的《エシカル》な基準によって、大学も博物館も美術館もそして国家もあらゆる組織が評価されるべきです。

かつて日本を含む世界中で、植民地主義あるいは人種差別が当たり前とされていました。日本では、分断された国の一方との国交を正常化した日韓基本条約を締結した一九六五年の時点において、朝鮮半島の植民地化は合法的であり何ら謝罪すべき事柄とは考えられていませんでした。しかし一九九〇年代以降は、歴代総理大臣の各種談話において述べられているように、日本の「侵略行為や植民地支配」について「痛切な反省」と「心からのお詫びの気持ち」を表明することが日本社会に定着しつつあります。

この間アイヌをとりまく問題についても進展が見られました。倫理的に問題のある研究をあらかじめ排除するために、二〇二〇年以降にアイヌ民族の遺骨と副葬品を対象とした調査研究を行う研究者は、「研究倫理委員会」という組織の審査を事前に受けることが義務付けられました。これからは戦時期に日本に持ち込まれた朝鮮半島・大陸由来の文化財を対象とした調査研究についても、同様の手続きが課せられることになるでしょう。

過去と向き合う

過去に向き合うこと、自らが引き起こした不幸な過去を知ることは、決してそうした過去を糾弾することではありません。どのような未来を築こうとするのか、その決意を明らかにすることを意味しています。

特に負のイメージとみなされる自らの過去と向き合うことは、誰にとっても辛く厳しい経験です。できれば目を背けて直視することを避けたくなります。日本国内ではしばしば、そうした過去に向き合う人びとに対して、「自虐的」といったレッテルが貼られたりもします。

しかし未来に向かう要素が過去にあるように、未来には過去の痕跡がいくつも刻まれています。今を生きる私たちは、自分たちの過去をどのように認識するかということで規定されています。どのような過去に目を留めているのか、華やかな過去だけを褒め称えているのか、どのような過去から目を背けて無かったことにしようとしているのか、そうしたことが問われているのです。未来の世代に過去の記憶を正しく引き継ぎ、歪んだ現状は時間がかかっても修正しなければなりません。

他国を侵略・支配した国の「過去」と他国に侵略・支配された国の「過去」とは、決して同じ「過去」とは言えません(金静美《キムチョンミ》「日帝期の強制連行問題にかんして」『第九次国際歴史教科書学術会議報告　各国の歴史教科書に見られる過去清算問題総合報告書』二〇〇〇年)。誰にとっても等しく同じような過去があるわけではないのです。こうした立場性の違いを踏まえて、「過去」の反省を表す「現在」の実践が求められています。

近年になってようやく始まった植民地主義《コロニアリズム》の清算は、今なお継続し、私たちに委ねられています。その由来に問題があるとされる文化財については、取ったあるいは取られたといった皮相的な見方を克服して、〈もの〉と〈場〉の本来あるべき姿を構想することが必要です。文化財の返還を通じて、奪われた側の朝鮮や中国の人びとの尊厳と共に、奪った側の日本の人びとの尊厳も回復されます。奪われた側のアイヌや琉球の人びとの尊厳とともに、奪った側の「和人」の尊厳も回復されるのです。双方の尊厳が回復されることで、両者は新たな関係を構築することができます。

奪われた側にとって文化財の帰還（回復）は、民族の心を取り戻す運動です。奪った側にとって文化財の返還は、人間の心を取り戻す運動です。私たちは、物事を判断する基準として、国単位の利害（ナショナリズム）よりも、普遍的で人間的な価値観（エシックス）が優先される社会を希求すべきです。

＊コラム3　朝鮮王室儀軌

「朝鮮王室儀軌」は、朝鮮王朝時代の王室における結婚式や葬儀など主要な儀式と行事の模様を詳細に記録した絵画資料です（図11）。「儀軌」とは「手本となる先例」という意味で、王室の重要な儀式を滞りなく実施するための準備過程が体系的に記録されています。

「朝鮮王室儀軌」は、王宮内の書庫で保存される「正本」と紛失や焼失を想定して四カ所の史庫（五台山・太白山・鼎足山・赤裳山）に分散して保管される「副本」がありました。朝鮮王室の儀礼文化を理解する貴重な遺産として、二〇〇七年にユネスコの「世界の記憶」に選定されました。

朝鮮総督府は、四カ所の史庫に分散・保管されていた書籍を一九一三年に「書籍整理事業」と称して京城（現ソウル）に集めました。一九二〇年に宮内省から朝鮮総督府に対して「儀軌類無償譲与依頼」と題する文書が出されました。これは、一九一〇年の韓国併合によって朝鮮の「王公族」に関する業務、特に実録の編集が宮内省の業務となり、その参考資料として担当部署である宮内省図書寮が朝鮮総督府に「副本」の寄贈を要請したものです。

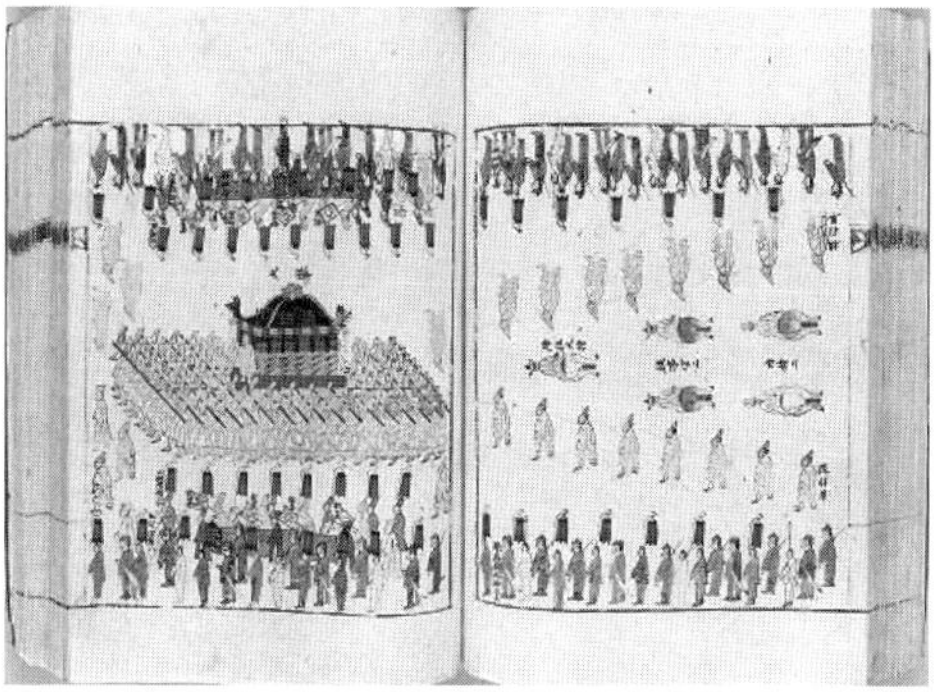

図11　朝鮮王室儀軌（提供：韓国・朝鮮文化財返還問題連絡会議）

「王公族」とは、韓国王室の正統である李王家を「王族」とし、他の二つの系統を「公族」とした総称です。つまり韓国の王室を日本の皇室に次ぐ「準皇族」としたのです。当時の宮内省図書寮の「図書頭」は、帝室博物館総長を兼務していた森林太郎（鷗外）でした。併合後の政策として「内鮮融和」を掲げた日本は、日本の皇族と朝鮮の王族が融合する象徴として王族（元韓国皇太子）の李垠《イウン》と皇族の梨本宮王守正の娘方子《まさこ》の結婚を進めていました。

こうした朝鮮王室処遇の流れの中、一九二二年に朝鮮総督府から宮内省に「朝鮮王室儀軌」が「寄贈」されました（図12）。

植民地支配が終わった一九四五年以降は、日本が朝鮮王公族の取り扱いを検討する必要性は消滅し、宮内庁が「朝鮮王室儀軌」を所有し続ける必然性もなくなりました。しかしその後も本来の所有者に返されることなく長年にわたり宮内庁書陵部の書庫に保管され続けました。すべきことをしなかった〝不作為〟です。

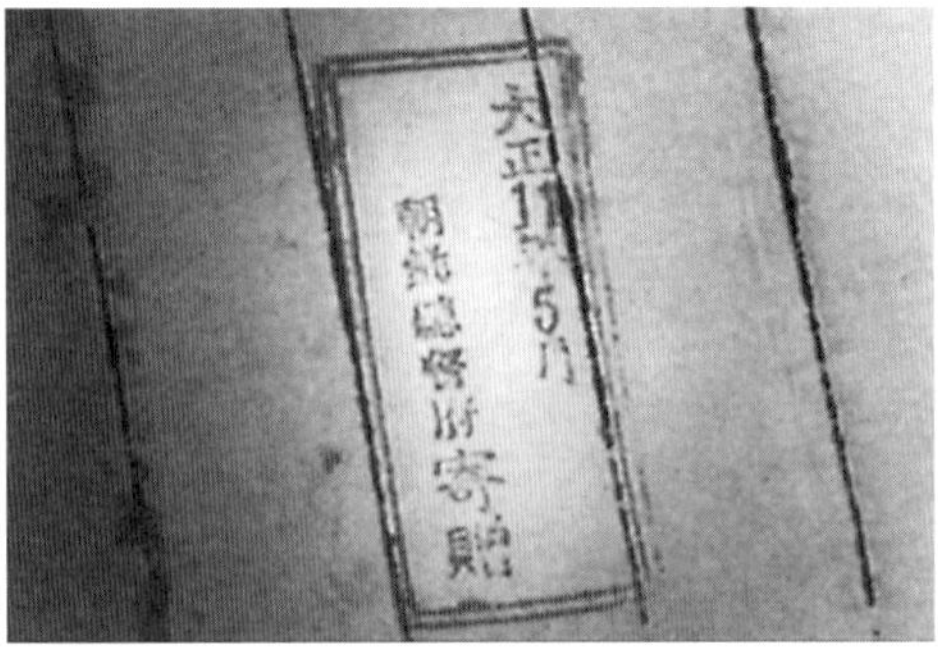

図 12　朝鮮総督府の寄贈印（NHK 取材班編著『朝鮮王朝「儀軌」百年の流転』120 頁）

また、「朝鮮王室儀軌」と対になる資料として「朝鮮王朝実録」があります。「朝鮮王朝実録」は、金属活字を用いて朝鮮王朝の事績を編年体で記した記録文書です。「朝鮮王朝実録」は、一九一三年に五台山史庫から朝鮮総督府に運び込まれ、さらに東京帝国大学に搬出されました。その多くは一九二三年の関東大震災で焼失しましたが、たまたま大学外に貸し出されていた四七冊だけが残存し、戦後は東京大学が所蔵し続けていました。

一九九一年一二月に、韓国の文化財管理局文化財研究所は『日本所在韓国典籍目録』を刊行しました。そこには宮内庁書陵部が所蔵する六四種の「儀軌」が掲載されていましたが、さして注目されることはありませんでした。二〇〇一年一二月に、韓国の海外典籍調査研究会という民間団体が日本で制定されたばかりの情報公開法を用いて、宮内庁書陵部が所蔵する書籍情報を入手して『海外典籍文化財調査目録――日本宮内庁書陵部韓国本目録』を作成しました。このことによって宮内庁が所蔵する「朝鮮王室儀軌」の存在が広く世に知られることになりました。

これをきっかけに「朝鮮王室儀軌」の返還を求める市民運動が盛んになり、韓国の国会では二〇〇六年と二〇一〇年の二度にわたって「朝鮮王室儀軌即時返還を促す決議」が採択されました。

「朝鮮王朝実録」は、二〇〇六年に結成された民間団体「朝鮮王朝実録還収委員会」の働きかけによって、同年七月に四七冊全てが東京大学からソウル大学に返還されました。これは、一九六五年の日韓基本条約における締結時の文言に制約されて主体的に行動することができない韓国政府にかわり、民間団体が主体となって進められた運動の成果でした。

この「朝鮮王朝実録還収委員会」が発展的に解消する形で、新たに「朝鮮王室儀軌還収委員会」が発足しました。二〇一〇年一一月には両国の政府間で「日韓図書協定」が調印され、二〇一一年一二月になって宮内庁所蔵の図書一二〇五冊が返還されました。内訳は、「朝鮮王室儀軌」八一種一六七冊、その他の「奎章閣図書」など六九種一〇三八冊でした。日本から返還された「朝鮮王室儀軌」は、二〇一六年五月に、ソウルの国立古宮博物館所蔵の他の儀軌と共に「宝物第一九〇一―三号」に指定されました。

＊コラム４　楽浪墳墓出土品

一九二五年九月から一二月にかけて東京帝国大学の原田淑人《よしと》らが平壌郊外大同江面の楽浪古墳（石巌里二〇五号墳）を発掘しました（図13）。木棺から「王旴《おうく》」と記された木印が出土したために、「王旴墓」と呼ばれることになりました。

この地域の調査は一九一〇年の韓国併合以前から東京帝国大学の関野貞《ただし》を中心とする人びとによって継続的に行われていました。関野は、一九〇九年に韓国統監府の嘱託となり各地で調査を行いましたが、特に平壌を中心とする平安南道で集中的な調査を行いました。戦後になって朝鮮民主主義人民共和国の社会科学院考古学研究所がこうした楽浪古墳を改めて調査したところ、ほとんどの古墳から何の遺物も発見されなかったと述べています。

一九二五年に行われた東京帝国大学文学部による発掘調査は、熊本第五高等学校の同窓生である村川堅固《けんご》と黒板勝美《かつみ》の両教授が、細川家第一六代当主である細川護立《もりたつ》に依頼して得た一万円の寄付金によって行ったものでした。当時の公務員の初任給を基準に現在の貨幣価値に換算するとおよそ二四〇〇万円になります。

朝鮮半島での考古学的な発掘調査は、一九一六年に制定された「古蹟及遺物保存規則」によって朝鮮総督府が独占的に実施していたため、東京帝国大学の調査は唯一の例外ともいえる事例でした。その背景には一九二三年の関東大震災によって、東京帝国大学が所蔵していた多くの考古資料が灰燼に帰したという事情がありましたが、今一つの理由として、一九〇〇年の義和団事件後の清国からの賠償金をもとに行われた「対支文化事業」をめぐる事情があります。

対支文化事業の一環として北京に人文科学研究所そして上海に自然科学研究所を設立することになり、その予備的研究として「漢薬ノ蒐集、地質調査」などと共に「朝鮮大同江付近ニ於ケル楽浪郡時代ノ古墳ノ発掘」が挙げられていました。このような発掘調査が行われた背景には、日本人の朝鮮半島の歴史に対するある種の先入観がありました。すなわち朝鮮半島の歴史は、北側は中国・漢帝国の植民地である楽浪郡によって、南側は古代日本の植民地である「任那日本府」によって始まったとする考えです。それは朝鮮半島における主体的な歴史発展を認めずに、常に周辺からの影響に左右されてきたという「植民地史学としての他律性論」と称される考えです。そして「日韓併合」という自らの植民地支配を歴史的に正当化するためにも、こうした歴史観を裏付ける考古学的な証拠が求められたのです（呉永賛《オヨンチャン》「楽浪郡及び楽浪文化の調査と研究」前掲『韓国の失われた文化財』）。

図13　王盱墓発掘調査の状況（東京帝国大学文学部編『楽浪』10頁）

「王盱墓」から出土した資料については、調査中の一九二五年一一月に「平壌に博物館が出来さえすれば、いつなんどきでもお返しするつもりである」という発掘調査の責任者であった黒板勝美の談話が地元の新聞紙に掲載されました。また発掘後の一九二六年八月に開催された古蹟調査委員会では、調査メンバーの藤田亮策が「整理作業が終了次第、総督府に提出する予定である」と述べていました。一九三〇年には『楽浪』と題するＢ４判・本文七七頁・英文五三頁・図版一二六葉の考古誌が東京帝国大学文学部から刊行されました。しかし木棺一基を含む出土資料の多くは、現在も東京大学文学部考古学研究室に保管されています。木棺内の遺骨については、当時京都帝国大学の清野謙次が報告しましたが、現在の保管状況は不明です。

おわりに

二〇一九年の春に、文化財返還活動を行っている仲間たちと朝鮮民主主義人民共和国を訪ねました。この旅を通じて強く感じたのは、かつて植民地を支配した宗主国の地で生れ育った者として、私たち日本人は支配された植民地の人びとの痛みをどれほど想像することができているだろうかという思いでした。

ケソン（開城）の郊外にある高麗王陵を案内してくれた若い男性は、植民地期に三人の日本人が王陵の入り口をダイナマイトで爆破して中にあった副葬品を全て持ち去ってしまったと説明してくれました。こうしたことを日本人ツーリストに語る男性の思いを、そして略奪を防ぐことができなかった当時の墓守たちの無念さを、私たちはどれほど想像することができるでしょうか。世界遺産への登録が決定した古墳（宮内庁は「天皇陵」としています）が爆破されて、中の副葬品から遺体までが全て外国人によって持ち出されてしまったとしたら、私たちはどのように感じるでしょうか。

一八九五年に朝鮮国王高宗《コジョン》の妃である明成皇后（閔妃《ミンビ》）が日本人によって王宮で殺害され、遺体すら残されなかった事件がおきました。その時に王妃の部屋から持ち出されたとされる遺物が、上野の東京国立博物館に所蔵されています(**＊コラム1**)。

また植民地期には、朝鮮王朝が王国や王室の主要行事を記録した「朝鮮王室儀軌」が日本の宮内省に引き渡されました。その「朝鮮王室儀軌」には、遺体が見つからないまま行われた閔妃の葬儀の様子も記されています(**＊コラム3**)。

同じことが自分の国で起きたとしたら、私たちはどのように思うでしょうか。

戦後の民主化政策としてなされた「教職追放」、すなわち教員や教育関係者として戦後の教育に携わる者として適当でないとされた人々に、戦時期に中国大陸での発掘調査に携わった人びとが含まれていました(森本和男『文化財の社会史――近現代史と伝統文化の変遷』彩流社、二〇一〇年)。一九四六年五月にＧＨＱの指令に基づいて「勅令第二六三号」という法律が公布されました。そこでは「教職不適格者として指定を受けるべきものの範囲」の「審査委員会の審査判定に従う者」として示された「別表第一」の第六項に「昭和三年一月一日以降において、日本軍によつて占領された連合国の領土内で日本軍の庇護の下に、学術上の探検あるひは発掘事業を指揮し又はこれに参加した者」と記されていました(『官報』第五七九〇号)。しかし実際に中国大陸で発掘を指揮し、また参加した人が「教職不適格者」として指定されることはありませんでした。むしろそうした人びとが中心となって、戦後の「日本考古学」が形作られてきたのです。しかし侵略戦争に伴って侵略的な状況下で発掘調査を行った人びとは、教員として「不適格」であると日本の法律が定めたということの意味、そしてそれが当事者はもちろんのこと、周りの人びとからも指摘されることなく現在に至るまで不問に付されてきたということには大きな意味があります。いわば封印された「負の遺産」です。

私は今まで専門とする考古学の立場から「返還考古学」という領域を確立しようと努力してきました。しかし現在ではさらに進んで人類学や博物館学そして法学から心理学や倫理学に至るまでの多くの知恵を集めて、市民の立場の人たちとともに人間の「物欲」といった私たちの本性にまで踏み込んで問題を提起するような「返還学」という新たな枠組みを作らなければ、私たちの欲望がもたらした膨大な「負の遺産」を本当の意味で解決することはできないのではないかと思うようになりました。

一九八九年七月、東京都新宿区の厚生省(当時)戸山研究庁舎の建設予定地から一〇〇体以上という多数の人骨が出土しました。その多くには、ドリルによる穿孔《せんこう》やノコギリによる切断といった外科的手術の痕跡が明瞭に残されていました。出土地は、旧陸軍七三一部隊と関係する軍医学校の跡地で、戦争中の医学犯罪の可能性がありました。しかし発掘報告書には、人骨が出土したことはもとより、調査地にかつて軍医学校が存在したことすら記されていませんでした。出土した人骨も、一時は火葬されようとしていましたが、真相の究明を求める市民運動の結果、現在は保管施設に安置されています。ただし、いまだに遺族のもとへ返還されるには至っていません。

大学にある石製龍頭も、博物館にある皇帝の冑も、美術館にある五重石塔も、そして軍医学校の跡地から出土した人骨も、そこにある限り、今ある地に至った経緯について、そのもたらされ方について、その罪責を告発し続けています。

太平洋戦争の激戦地から「記念品」として持ち帰った寄せ書きのある「日の丸」などの日本兵の遺品を遺族へ返還したいと望むアメリカ兵を紹介する新聞記事を目にしました（『朝日新聞』二〇一三年八月一四日）。九二歳の元アメリカ海兵隊員は、日本兵の遺品をなぜ持ち帰ったのかという日本人記者の質問に対して、「部隊の皆がそうしていた。罪悪感はなかった。戦場で「記念品」を持ち帰ることは、軍の習慣だった」と答えました。しかし元海兵隊員は最近になって知人から「大事な人の形見を待っている遺族がいる。すぐに返すべきだ」と諭されて、自らが犯した罪に気付き胸が痛んだといいます。

「遺品を返さない限り私の中で戦争は終わらない」。

こうした思いが、全ての返還運動の原点です。


【謝辞】

本書の作成にあたっては、故荒井信一前代表をはじめ韓国・朝鮮文化財返還問題連絡会議の仲間たちから様々な協力と励ましを得ました。支えてくれた全ての人に感謝します。

五十嵐 彰
1961年東京都生まれ．慶應義塾大学大学院修士課程修了．第2考古学(考古学方法論など)．公益財団法人東京都スポーツ文化事業団東京都埋蔵文化財センター主任調査研究員，慶應義塾大学非常勤講師，韓国・朝鮮文化財返還問題連絡会議世話人．
論文「〈遺跡〉問題」(『近世・近現代考古学入門』慶應義塾大学出版会，2007年)，「「日本考古学」の意味機構」(『考古学という可能性』雄山閣，2008年)，「接合空間論」(『理論考古学の実践Ⅰ 理論篇』同成社，2017年)，「鉛筆で紙に線を引く——考古学的痕跡」(『現代思想』第46巻第13号，2018年)．

文化財返還問題を考える
——負の遺産を清算するために

岩波ブックレット 1011

2019年11月6日 第1刷発行

著 者 五十嵐《いがらし》 彰《あきら》

発行者 岡本 厚

発行所 株式会社 岩波書店
〒101-8002 東京都千代田区一ツ橋2-5-5
電話案内 03-5210-4000 営業部 03-5210-4111
https://www.iwanami.co.jp/booklet/

印刷・製本 法令印刷 装丁 副田高行 表紙イラスト 藤原ヒロコ

ISBN 978-4-00-271011-2 Printed in Japan

読者の皆さまへ

岩波ブックレットは，タイトル文字や本の背の色で，ジャンルをわけています．

赤系＝子ども，教育など
青系＝医療，福祉，法律など
緑系＝戦争と平和，環境など
紫系＝生き方，エッセイなど
茶系＝政治，経済，歴史など

これからも岩波ブックレットは，時代のトピックを迅速に取り上げ，くわしく，わかりやすく，発信していきます．

◆岩波ブックレットのホームページ◆

岩波書店のホームページでは，岩波書店の在庫書目すべてが「書名」「著者名」などから検索できます．また，岩波ブックレットのホームページには，岩波ブックレットの既刊書目全点一覧のほか，編集部からの「お知らせ」や，旬の書目を紹介する「今の一冊」，「今月の新刊」「来月の新刊予定」など，盛りだくさんの情報を掲載しております．ぜひご覧ください．

▶岩波書店ホームページ　https://www.iwanami.co.jp/◀
▶岩波ブックレットホームページ　https://www.iwanami.co.jp/booklet◀

◆岩波ブックレットのご注文について◆

岩波書店の刊行物は注文制です．お求めの岩波ブックレットが小売書店の店頭にない場合は，書店窓口にてご注文ください．なお岩波書店に直接ご注文くださる場合は，岩波書店ホームページの「オンラインショップ」(小売書店でのお受け取りとご自宅宛発送がお選びいただけます)，または岩波書店〈ブックオーダー係〉をご利用ください．「オンラインショップ」，〈ブックオーダー係〉のいずれも，弊社から発送する場合の送料は，1回のご注文につき一律650円をいただきます．さらに「代金引換」を希望される場合は，手数料200円が加わります．

▶岩波書店〈ブックオーダー〉　☎049(287)5721　FAX 049(287)5742◀

1010

新版 外国人労働者受け入れを問う

宮島喬、鈴木江理子

二〇一八年末の改定入管法による外国人労働者受け入れ拡大は、彼らの人権を無視する形で進められている。いま日本で暮らす、そしてこれからやって来る外国人と共に生きる新たな多文化社会は可能か。改定法を踏まえて見直した新版。

1009

過労死110番―働かせ方を問い続けて30年

森岡孝二、大阪過労死問題連絡会 編

今や英語の辞書にも載る言葉となった「ＫＡＲＯＳＨＩ」。だが、依然として過労死・過労自殺は減る兆しが見えない。長年、遺族に寄り添い、声なき声に耳を傾け続けてきた無料電話相談による救済の歩みをたどり、これからの課題を見据える。

1008

介護職がいなくなる―ケアの現場で何が起きているのか

結城康博

超高齢社会が進む中で介護人材を増やしていかなければ、介護の質の低下を招く。利用者からのセクハラ・パワハラ、管理職の指導力・養成力の欠如、外国人介護士の受け入れなど、課題を明らかにし、解決策を提示する。

1007

日本人の歴史認識と東京裁判

吉田 裕

未だ声高に叫ばれる「東京裁判史観（＝自虐史観）克服論」。しかしたかだか数年の占領で歴史認識が全面的に改造されるほど、日本人は主体性のない国民なのか。不毛な議論に終止符を打つため、大きな歴史の流れの中に東京裁判を位置づけ直す。

1006

安楽死・尊厳死を語る前に知っておきたいこと

安藤泰至

安楽死・尊厳死をめぐる議論はなぜ混乱するのか？　知っておくべき歴史や背景、言葉のからくりを指摘し、その議論が陥りやすい落とし穴を明らかにする。「よい死」を語る前に「よい生」を、人間らしい尊厳ある生を追求する道筋を考える。

1005

年表 昭和・平成史 新版―1926-2019

中村政則、森武麿 編

「昭和」「平成」合わせて九四年間の政治・経済・社会の主要な出来事を、一年一頁にまとめたコンパクトな年表。内閣一覧や世相を映す写真も収載し、時代の動きが一目で分かる。ブックレットのベストセラー年表の最新版。

岩波ブックレット

1004

水道民営化で水はどうなるのか

安心・安全・安価な水――。水道水の「当たり前」は、もう通用しない。水道管は老朽化し、人口は減少。民間企業の水道事業参入で水はどうなるのか。基本知識、「民営化」の懸念、持続可能な実践例などをわかりやすく説明する。

橋本淳司

1003

プラスチック汚染とは何か

安価で便利な素材として過剰に生産・消費され、大量に捨てられているプラスチック。特に海洋プラスチック汚染は二一世紀最悪の環境問題の一つと言われる。この問題の全体像を提示し、産業政策の側面にも光をあてて解決策を検討する。

枝廣淳子

1002

命に国境はない――紛争地イラクで考える戦争と平和

「平和憲法」を掲げながらも、軍事化が進み、戦争に加担する国へと変貌する日本。それでも他国の戦争は他人事なのか。イラクで人道支援活動を続ける著者が、自らの体験をもとに、戦争のリアルな実態、平和への希望を語る。

高遠菜穂子

1001

「宿命」を生きる若者たち――格差と幸福をつなぐもの

近年、若者たちを取り巻く社会環境は悪化している。格差の拡大や貧困、深刻化する児童虐待……。ところが一方で、若年層における幸福感や生活満足度は、逆に高まっている。なぜか。「宿命」をキーワードに考える。

土井隆義

1000

公文書管理と民主主義――なぜ、公文書は残されなければならないのか

自衛隊PKO日報隠蔽問題や、政権の関与が疑われる森友・加計問題の根底には公文書の杜撰な管理がある。関連法の理念や歴史的経緯を簡潔にまとめ、公文書管理と情報公開が民主主義を支える機能であることをわかりやすく伝える。

瀬畑 源

999

安全な医療のための「働き方改革」

医師には過労死ラインの倍の残業時間が許される？ 連続三〇時間を超える労働や夜間診療の恒常化はわたしたちに何をもたらす？ 万人に共通な睡眠不足による悪影響を科学的にふまえ、未来のため国民的議論を求む！

植山直人、佐々木司